丝路遗珍

敦煌壁画精品集

Siluyizhen Dunhuang Bihua Jingpinji

主编◎许俊

江西美术出版社
全国百佳出版单位

序

敦煌，这个地名自汉武帝时首次出现，至今已有2100多年的历史了。敦，大也；煌，盛也。敦煌就是盛大辉煌的意思。只要你到过敦煌，你一定会认为用这两个字来定位是恰如其分、名副其实的。

敦煌位于甘肃省河西走廊的西端，与青海、新疆相邻。它东、南、北三面环山，西接浩瀚无垠的沙漠。在古代海上交通不发达时，从汉代张骞出使西域后，这里就成为了先民们经济与文化交流的主要渠道。西域的物资、文化通过河西走廊进入中国内地，而中原的文化、技术也在这里输出。中外文化便在这里交流和发展，使敦煌成为了中国历史上的一个重要的文化交汇点，敦煌的莫高窟就是至今闪耀在这条戈壁沙海古道上的璀璨明珠。

敦煌莫高窟以洞窟数量最多、跨越历史最长、内容最为丰富、保存相对最为完整而闻名于世。莫高窟开创于公元4世纪，距今已有1600多年的历史。历经十六国、北魏、西魏、北周、隋、唐、五代、北宋、西夏、元，历代都有建造，而以唐代为最盛。现存洞窟保存了建筑、雕塑和壁画艺术的遗迹，仅窟内壁画就有5万多平方米。李泽厚先生在《美的历程》一书开篇写的第一句话是“中国还很少专门的艺术博物馆”。我以为敦煌莫高窟就是以佛教为主题的专门的艺术博物馆，只不过是以前人们对它缺乏全面的认识。这座艺术博物馆的建设是跨越了十几个世纪的宏伟工程，这在全世界也是独一无二的。它充分显示了中华民族先贤们丰富的想象力和卓越的创造力。敦煌莫高窟是集建筑、雕塑、绘画于一体的综合艺术，为研究中国古代政治、经济、文化、宗教、民族关系、中外友好往来等提供了珍贵的历史资料。

从中国美术史上看，绘画艺术的发展已有2000多年的辉煌历史，但由于美术史上记载的许多早期画家的作品多已失传，我们现在能够看到的一些宋代绘画的原迹都被视为珍宝，更不必说唐以及唐代之前的作品了，而在敦煌莫高窟壁画中保存了从北魏到隋唐以至于宋元时期大量的绘画原作。敦煌壁画所展示的各个朝代不同的绘画风格，构成了一部中国古代的美术史，也是我们今天学习和研究中华民族艺术成长、演变和发展过程的最真实、最宝贵的资料。但是我们也清醒地看到，由于年代久远、社会变迁、自然风化，加上人为破坏，敦煌莫高窟出现了洞口坍塌、彩塑损毁、墙面脱落、颜色氧化等现象。王伯敏先生所著《中国绘画史》有这样的记述：“令人痛心的是，这个祖国伟大的艺术宝库，却在20世纪之初，遭到了英、法、日、美等国的所谓‘考古家’‘美术史家’及商人的盗劫与破坏，造成了极大的损失。”现在敦煌艺术的完整性已经大打折扣了，也给我们今天进行深入的研究增添了许多困难。

从理论上讲，概括一个事物或是解释一个问题的本质，常常是用几句话，有时就是一个概念。但是，面对一个图形或是一个空间的视觉感受，就绝不是几句话或是一个概念能表述清楚的。人对世界的

认知，应该是围绕着两个方面进行：一个是由视觉形象构筑起来的，另一个是由逻辑思维构筑起来的。前者的核心是感觉，后者的核心是联想，敦煌艺术很巧妙地将感觉和联想结合起来。一般佛教石窟多以雕塑造像作为供奉的主体，而壁画只作为装饰。然而，莫高窟的壁画已成为敦煌艺术的主要组成部分。从你走进洞窟第一步起，所观察到的一切，都是艺术家们精心设计和创造的。这里完全摒弃了语言文字的说教和解读，只用视觉形象来表达一切。置身在洞窟里，你能体会到艺术家是如何运用形象、色彩来构成整个立体的视觉空间。而面对着洞窟墙面局部一幅壁画时，也同样能给你带来无限的遐想。所以说，这种特殊的艺术表达方式，给我们今天对传统文化的学习和借鉴带来了多种可能。

从题材与内容上看，敦煌莫高窟壁画以经变、本生、佛传及因缘故事等佛教内容为主导，壁画中的主要形象也是人们供奉的佛陀、菩萨、弟子、天神、飞天神仙及其说法像等。其中，有连环画形式表现的佛经故事，有以综合表现整体内容的经变画，还有传统神话题材和反映当时社会状况的风俗画，这些题材随着社会的发展而不断有新的内容出现。虽然是以特定的内容作为创作题材，但历代的能工巧匠们是按照自己的理解与意愿，以来自生活的艺术形象来具体表现的，也从一个侧面反映了当时人们的审美意识以及对善与恶的评判。特别是画面上生动描绘的耕作、游猎、婚丧、宴乐等画面都在不同程度上反映了当时的社会风俗和生活习惯。壁画中所绘的大量的亭台、楼阁、寺塔、宫殿、城池、桥梁，也是研究我国古代建筑样式的宝贵资料。除此之外，许多洞窟多在甬道两壁采用肖像绘画的形式，记录下赞助修造洞窟的施主，也就是“供养人像”。以形写神，是中国古代人物画创作与审美的最高准则。壁画中的这部分虽然不是表现内容的主体，但人物肖像生动传神，供养人所穿着的服饰也完全是当时真实状况的体现。

从形式与表现上看，敦煌莫高窟壁画显示了历代能工巧匠们非凡的创造才能、精妙的学识造诣和高超的艺术成就。敦煌莫高窟壁画表现技法有两个来源：一是中国传统的壁画技法，特别是以河西走廊一带汉晋墓室砖画为基础；一是西域传来的表现技法。外来的佛教艺术是在南北朝及隋唐时期传入中国并发展起来的，是中外艺术第一次大的交融。当时的能工巧匠们不满足简单的模仿，站在本土传统审美的立场上借鉴外来的样式进行再创造，逐步形成了中国佛教美术的独特风格。这种风格不仅表现在艺术创作的技法上，也体现在整体风格的情调上，特别是在具体的形象塑造中渗入了本土的艺术元素，显示了审美的民族性和艺术的独创性。正如金维诺先生在一篇关于敦煌壁画的论述中所指出的：“艺术家在佛教美术中的独特风格的创造，并不是传统技法与外来技法、传统形式与外来题材的勉强拼凑。这种创造是在适合于主题的表达、形象的塑造的前提下，通过不断的实践，通过画家对生活的观察与研究，在技巧上不断地钻研下，逐步经过社会考验而形成和发展的。”敦煌壁画在布局上大量运用对称、均衡、反复、重叠等装饰手法，充分展示出了能工巧匠们整体设计的把握能力。到了唐代，在构图与画面的把握和处理上已能很好地表现出宏大场面的纵深透视。线描是我国书法与绘画艺术造型的主要手段，敦煌莫高窟壁画也继承了这种造型手法，注重线条的运用，使形象具有高度的概括力，体现了以线造型的特点。敦煌莫高窟壁画在色彩表现上，强调矿物质石色重彩的运用，使画面显得既辉煌又庄严，既明快又凝重。一般一个洞窟内，只以三至五种色彩为主要元素，在强调色彩对比变化中，更注重整体的协调统一。敦煌壁画所使用的颜料中，云母粉的运用也是值得一提的。这种银光闪烁、天然片状的颜料给画面增加了许多神秘的效果。在敦煌莫高窟南面光秃秃的荒山上就有天然的云母矿，这是我在20世纪80年代初第一次到敦煌时亲眼看到的。我猜想，古代的画工们是就地取材加工使用的。新颖独特的形式、宏伟多变的构图、缜密流畅的线条、生动传神的造型、浓郁艳丽的色彩，共同体现着敦煌壁画惊人的艺术感染力。

从画种分类上看，我以为敦煌莫高窟壁画大致可分为人物画、山水画、动物画、图案画四个部分。在中国早期的传统绘画中，人物画扮演着极其重要的角色。人物画作为敦煌莫高窟壁画中的主体，不但强化了要表达的主题内容，同时也代表了中国早期人物画发展的历史。比如，从唐代壁画中表现的供养人像，我们可以看到张萱、周昉等唐代人物画名家的笔意和画风。山水画发展成为中国美术史上特有的、独立的画科，有着一段漫长的过程。当山水形象在画面上不是作为人物的背景，而是体现绘画主题的重要组成部分时，便由次要地位变为了画面的主体。中国的山水画与西方的风景画不同，山水画更强调人与自然的融合，是借助自然山水意象地表达人文精神。敦煌壁画中本生、佛传及因缘故事等内容都是以山水画的形式表现的。莫高窟壁画中大量出现的建筑画应该属于山水画的范畴，建筑物的形象在敦煌莫高窟壁画中也占有很大的比重。山水画作为一种绘画形式在历史上出现晚于人物画。现故宫博物院仅存的隋代展子虔所作绢本设色《游春图》是山水画发展初期的代表作，在与其同时代的敦煌壁画中，我们也能找到

类似风格的作品。特别是在敦煌莫高窟壁画中，我们可以看到隋唐时期大量的以山水形象为主、以人物活动为辅的画面，它们对于我们今天研究早期山水画的演变和发展，是极其难得的图像资料。动物画与花鸟画应该同属于一个大的画科。在敦煌莫高窟壁画中禽兽的形象也常出现在画面上，特别是以游牧狩猎为主题的壁画描写了生活在山林中的各种不同的动物，其中包括牛、羊、马、鹿、猴、虎、狼、野猪等。各种动物形象生动、简练，有极强的典型性，充分体现了画家深刻、准确的观察力和精妙、高超的绘画技巧。另外，敦煌壁画中还有大量的、充满整个洞窟的装饰图案画，图案在石窟中有装饰空间、营造气氛的作用。比如藻井的图案设计，就是利用构成的方式，利用纹样图式表现临空上升的感觉，使并不高大的洞窟显得开阔起来。洞窟四壁美丽如花的边饰与整个洞窟的形象规律相契合。这些图案从形象到组织结构绝不是一成不变的，每个时代都有新的元素表现和图形创造，至今仍然可以给我们带来许多直觉的美的感受，为我们今天的绘画与设计带来许多宝贵的启示。

绘画大师张大千应该是近代画家中研究敦煌莫高窟壁画的第一人。早在20世纪40年代初，张大千三度远赴敦煌，先后在那里住了近三年的时间，认真、虔诚地研究和临摹壁画。他曾对友人说："在敦煌，生活是艰苦些，住在那个古老沙漠的石洞子里，真有与世隔绝的感觉，但对我的绘画风格，确乎学了许多有益的东西。""要学点中国艺术，还是到敦煌去，去学习数年，必有大收获！"在谈到壁画中的人物画时，张大千有过这样的描述："壁画中的佛像肃穆端庄，菩萨慈祥可亲，飞天秀丽活泼，天王、力士威武雄壮。但是肃穆端庄不是呆板，秀丽活泼不是轻飘，威武雄壮不是凶恶，这些都是需要认真仔细观察研究的。"张大千的"认真仔细观察研究"绝不是一句空话。比如我们现在看到的北魏早期的壁画，人物的面部表情虽然丰富，但脸上的设色好像极不协调。鼻梁、眼珠等高凸处是纯白色，其他低凹的地方却是深黑色，一白一黑好像很怪异。张大千当时对这个问题也非常疑惑。他想，能画出这样气韵生动的壁画的工匠肯定不会这样用色的。原来壁画上的色彩是怎样的？是什么原因促使它变成现在这个样子？后来，是张大千从青海塔尔寺请来的画僧解开了谜团。原来北魏时期的画师们为了表现人物面部的明暗，体现面部的层次关系，在给人物面部着色时，是先在眼眶、鼻梁下等低凹处晕染银珠色作为过渡，再在鼻梁、眼珠等高凸处施以白粉，这样就形成了一幅色彩柔和、神态生动的人物形象。然而，经过

了百年的岁月，由于空气中氧气的作用，晕染在人物面部四处的银珠和铅粉氧化变黑，而眼睛、鼻梁上的白粉却没有变，所以成了我们现在看到的样子。看来，单是壁画上用色的方法就有很多的学问。我曾在课堂上对学生说：对于绘画的发展，我们要有清醒的认识。纵观中国近代绘画史，关于色彩的缺失，主要是"文人画士"对色彩的轻视造成的。我们是否可以跳出案头绘画的界地，去审视中国绘画发展的全貌，比如去审视一下传统壁画的发展，你会发现那是一片灿烂的色彩世界，而敦煌莫高窟壁画应该就是其中最夺目的花朵。

敦煌文化涵盖的学科范围很广，如果我们忽视对艺术形象本身特质的理解，甚至误解事物表达的本质，一定很难得到与之相符的感知。我以为，以现在保存相对完整的壁画为图示形象文本，从视觉形象的本源出发，进行细致深入的研究和探讨，在美术学方面一定会收到许多有意义的成果。但具体应从何处入手，则是研究者见仁见智、各取所需了。《第三次浪潮》一书的作者托夫勒在为诺贝尔奖获得者普里戈津所著的《从混沌到有序》撰写的前言中说："在当代西方文明中得到最高发展的技术之一就是拆零，即把问题分解成尽可能小的部分。"这次江西美术出版社编辑这套《敦煌壁画精品集》，我想也正是采取了"拆零"的方法，以期达到从另一个角度来观察敦煌莫高窟壁画的目的。也许从这个切入点去分析研究，能为中国传统重彩绘画的发展和现代中国画的创新打开一个新的视野。敦煌艺术，博大精深，绚烂无比，是值得我们关注和研究的，她本身所包含的价值已经大大超越了宗教意义，多学科的形象资料价值及其产生的认识价值是无可比拟的，这也是她成为世界文化珍贵遗产的原因。中国经典的文化，在未来世界中所彰显的活力，已经由其自身超长的、不可替代的价值预先决定了，我们有理由相信她将焕发出更加夺目的光彩。

我时常想起20世纪80年代初在敦煌莫高窟南山捡起又放下的那块云母石，总觉得在敦煌一定还有许多宝藏没有被发现。我也曾梦到与李少文先生一起在烈日下爬莫高窟南山时，李先生在不经意中拾到了一块莲蓬状的古化石。在我的梦里，从古莲蓬上落下的那颗古莲子掉在了群山之中一个美丽的湖泊里，神奇的湖水慢慢地褪去了古莲子钙化的外壳，莲子发出了新芽，荷叶迅猛地生长，荷茎上结出了一朵巨大无比、充满整个山谷的莲花。梦也许只是幻想，但你能说它不是艺术创造的动力吗？

是为序。

许 俊

庚寅初夏写于北京乐山楼

目录

◆人物篇

◆山水动物篇

◆ 敦煌莫高窟壁画·胁侍菩萨

敦煌莫高窟壁画・白衣佛

◆ 敦煌莫高窟壁画·飞天

敦煌莫高窟壁画·飞天

敦煌莫高窟壁画·弟子

敦煌莫高窟壁画·菩萨

敦煌莫高窟壁画·男供养人

◆ 敦煌莫高窟壁画·五百盲贼得眼之战斗

2-4

2—5

敦煌莫高窟壁画·各族王子

敦煌莫高窟壁画·供养人像

弟三女天公主李氏為新

敦煌莫高窟壁画·曹议金供养像

◆ 敦煌莫高窟壁画·九色鹿本生之一

◆ 敦煌莫高窟壁画·山树

◆ 敦煌莫高窟壁画·白虎

1–6

◆ 敦煌莫高窟壁画·报恩经变之鹿母夫人故事之一

敦煌莫高窟壁画·山城

阿羅漢一百二十五人會
白鶴現
白鶴現
東臺之頂
功德天女現

后记

柔软的丝绸是怎样通过坎坷的河西走廊连接起繁盛的欧亚文明？那“马踏匈奴”的汉朝石刻至今仍在草原上诉说着曾经的血雨腥风。虽然胆怯的月氏放弃了联合，但美丽的西域却揭开了神秘的面纱，开启了2000年“丝绸之路”的漫长历程。

我们应该记得“瑶池献笛”的昆仑佳话，而在殷商妇好墓中出土的于阗美玉上或许才可领略“玉门关”的真实意义。美丽而丰饶的昆仑早已给中原带来了无尽的遐想。然而亚历山大的东征不仅给塔里木带来了古希腊罗马的艺术风尚，而且降服的波斯与印度也在此地激荡着多方的艺术文明，就连那创造着灿烂的犍陀罗艺术的“贵霜帝国”也正是马其顿的欧洲后裔与河西的月氏民族结合的产物。如果说中原民族与西北游牧民族的交融是华夏文明的融合，那么同是游牧民族的西域先民却早已担当着东西文明交融的前哨；如果说秦帝国与草原民族征伐的背后是自然和土地的利益，那么汉帝国北征匈奴不仅带来了广袤的土地和帝国的安宁，更带来了繁盛的西域文明；如果说丝绸之路的绢绮锦绣装饰了罗马皇宫里的俏丽佳人，那么西域文明的胡笳乐舞则革新了中原汉地的艺术风貌。“胡笳互动”的洪亮辽远之声不仅威震着茫茫的漠北高原，也倾诉着匈奴对文姬的思念，东汉说唱陶俑的真率活泼不仅反映着帝国的享乐民风，也流露着西域乐舞的矫健风姿。

从新疆的克孜尔石窟到河西陇东的敦煌石窟，仿佛一条绚丽斑斓的飘带绵延于西北戈壁的上空，没有了菱形的画面分割，也没有了烦琐的凹凸画法。敦煌的壁画艺术尽显着汉地飞天的自由和烂漫，甚至于佛的涅槃也被赋予了睡意的安详，留给世人以等待的温暖，而菩萨的容颜亦被塑为女性的姿容，处处留有母性的宽恕和包容。与中原的石刻大佛相比，这远离统治阶级意志的民间佛窟才真正表达着人们内心虔诚和执着的心灵诉求。世俗的权力和日常生活在窟内重现，人们对天国的赞美已化为对现实生活的热爱。

历史的进程犹如黑夜与白天的交替一样循环往复。那处于战乱纷飞的百年魏晋则犹如一条黑夜的走廊连接起了两个辉煌的时代，而它的沉郁与深邃也因有着像繁星一样的思想而尽显着无限的璀璨。

然而，当文明的人类已用智慧来发现世界奥秘的时候，那虔诚的宗教信仰则会摆脱掉原始巫术的虚幻狂妄而采用心灵的静观去开启对真理追寻的大门。从罗布泊岸的米兰遗址中发现的“有翼佛像”的壁画中不仅能够一睹佛造像的虔诚，更可窥见那古希腊艺术浸染下的浪漫之风，这种东西艺术形象的融合与统一更可折射出信仰的一致性，“真”与“善”的追寻与弘扬已经渗入每一个善良的信众心中，并支撑着多难的人类走向彼岸的净土。昔日的西域诸国如今已湮灭为戈壁荒滩，然而耸立的佛塔残垣又仿佛浮现出千里佛国的香火鼎盛、梵音洞天。

如果说印度佛教能够翻越帕米尔高原而传至西域，那它也依旧能够穿越大漠而弘法东土。西去的驼队与东来的僧团在丝绸之路上共同传播着欧亚的艺术与文明。华美的罗绮腐烂入尘土，但那般若的智慧却已深入人心；绚烂的锦绣终究会失色黯淡，但那千古的禅灯却薪火相传，朗照四方。

文/李国强

图书在版编目（C I P）数据

丝路遗珍：敦煌壁画精品集 / 许俊编著. -- 南昌 :江西美术出版社, 2018.3
ISBN 978-7-5480-5851-9

Ⅰ. ①丝… Ⅱ. ①许… Ⅲ. ①敦煌壁画－图集 Ⅳ. ①K879.412

中国版本图书馆CIP数据核字(2017)第312193号

出品人：周建森
策　划：李国强
责任编辑：李国强　戴环宇
责任印制：谭　勋
封面设计：小满设计
版式设计：林思同　先锋设计

丝路遗珍

——敦煌壁画精品集

SILUYIZHEN DUNHUANGBIHUAJINGPINJI

主　编：许　俊
出　版：江西美术出版社
社　址：南昌市子安路66号
邮　编：330025
电　话：0791-86566329
发　行：全国新华书店
印　刷：浙江海虹彩色印务有限公司
版　次：2018年3月第1版
印　次：2018年3月第1次印刷
开　本：787×1092　1/16
印　张：7.5
ISBN 978-7-5480-5851-9
定　价：68.00元